EL LIBRO DE COCINA DE IMITACIONES DE RECETAS

EL LIBRO DE COCINA PERFECTO
QUE NECESITAS PARA COCINAR
TUS RECETAS FAVORITAS
COMO UN MASTERCHEF EN CASA

ALEJANDRA MORENO, EMILY CHANG

ISBN 978-1-914144-58-5

TABLA DE CONTENIDO

INTRODUCCIÓN

De vez en cuando, indagas en la comida de un restaurante y comentas cómo es tan deliciosa que puedes comerla todos los días. Si bien frecuentar un restaurante específico solo para comer tu plato favorito es excelente para el negocio del propietario, pero puede ser perjudicial para tus finanzas y un inconveniente, especialmente si el establecimiento no se encuentra cerca de ti.

Afortunadamente, he recopilado docenas de las mejores imitaciones de recetas en este libro para ayudarte a recrear tus platos favoritos de restaurante en la comodidad de tu hogar. Todas las recetas destacadas son detalladas y fáciles de seguir para que puedas disfrutar de inmediato lo que anhelas actualmente.

A muchas familias les gusta salir a comer a sus restaurantes favoritos; la mayoría sale a comer unas tres veces a la semana. Si tienes una familia numerosa, o incluso una familia relativamente pequeña de comedores, sabes que los costos se acumulan rápidamente. Es divertido salir a comer con la familia. Pero no siempre tienes que subir al coche y dirigirte al restaurante para conseguir las comidas favoritas de tu familia. Puedes sorprender e incluso impresionar a tu familia y seres queridos con un plato de restaurante favorito si lo haces en la cocina de tu casa. Con las tasas en aumento en todos los sectores minoristas, tener una alternativa menos costosa que salir a comer puede ser una buena idea. Tu familia siempre apreciará el esfuerzo que haces para obtener una excelente receta de restaurante y sírvela en las comidas diarias. Las recetas de restaurantes han tardado varios años en perfeccionarse en la mayoría de las situaciones, pero puedes servírselas a tus amigos y familiares, probadas y comprobadas. Entonces, ¿por qué no divertirse un poco en la cocina preparando las comidas que te gustan de tus restaurantes favoritos? ¡Solo piensa en todo el dinero que ahorrarás al no conducir hasta allí, pagar tus comidas y dar propina al camarero! Salir a cenar es caro y te puede costar $ 16 o más por comida que si acabaras de comer en casa. Además, cuando cocinas en casa, tienes el control total de lo que habrá en tu plato y el sabor te hará apreciar la comida casera. Nada se compara con la comida casera. Es fresca, sabrosa y puedes comer todo lo que quieras, mientras controlas las cantidades. Si te preguntas dónde puedes conseguir estas recetas o estás preocupado porque no eres un "chef" en tu cocina, no te preocupes, lo tengo cubierto. Este libro incluye recetas e instrucciones detalladas sobre cómo cocinar las recetas más populares de algunos de los mejores restaurantes.

Así que echa un vistazo a las siguientes recetas y empieza a preparar tu próxima comida casera de un restaurante mientras mantienes bajo el recuento de calorías. Prepara estos deliciosos platos caseros sin salir de tu casa.

CAPÍTULO 1: DESAYUNO

1. STRUDEL DE QUESO Y GUAYABA DE OPORTO

También se llaman Refugiados o Pastelitos de Queso de Guayaba. ¡Te gustará saber que este espectacular pastel con su corteza mantecosa y hojaldrada más relleno de guayaba y queso crema se puede preparar fácilmente en casa!

Tiempo de preparación: 10 minutos
Tiempo de cocción: 45 minutos
Porciones: 8

Ingredientes:

- 1 huevo batido
- 1 cucharada de agua

Strudel

- 1 cucharada de azúcar en polvo
- 1 caja de masa de hojaldre congelada, descongelada
- 1 paquete (8 onzas) de queso crema
- 1 paquete (8 onzas) de pasta de guayaba o guayabate
- 1 cucharada de azúcar gruesa

Direcciones:

1. Precalienta el horno a 400° F. Forra una bandeja para hornear.
2. Prepara el huevo batido. Bate el huevo y el agua en un tazón pequeño. Deja de lado.
3. Espolvorea la superficie de trabajo con azúcar en polvo.
4. Desdobla la masa sobre el azúcar en polvo.
5. Corta la masa en 12 cuadrados y colócala en una bandeja para hornear forrada.
6. Cubre 6 cuadros de masa con aproximadamente una cucharada de pasta de guayaba y una cucharada de queso crema.
7. Cepilla los bordes con huevo batido.
8. Corta 4 ranuras cortas en el centro de los cuadros de masa restantes.

9. Cubre los cuadros rellenos, presionando hacia abajo en los bordes para sellar.

10. Hornea hasta que esté inflado y dorado (aproximadamente 20 minutos).

11. Retira del horno y deja enfriar en la bandeja durante 3-5 minutos.

12. Transfiérelo a una rejilla para enfriar completamente.

2. BISCOCHOS Y SALSA DE ASERRADERO

Los biscochos y la salsa son las favoritas del sur, y nadie hace una salsa de aserradero como Cracker Barrel. Esta receta está inspirada en el menú del restaurante.

Tiempo de preparación: 10 minutos
Tiempo de cocción: 45 minutos
Porciones: 8

Ingredientes:

- ¼ de taza de grasa de salchicha
- ¼ de taza de harina
- 1 croqueta de salchicha
- ½ taza de trocitos de tocino
- 2 tazas de leche
- ½ cucharadita de sal
- ½ cucharadita de pimienta molida gruesa

- Biscochos de suero de leche para servir

Direcciones:

1. Agrega la croqueta de salchicha a una sartén y cocina. Retira de la sartén y deja enfriar, luego desmenúzala.

2. Agrega la harina a la grasa de la salchicha en la sartén y revuelve hasta que esté bien combinado.

3. Agrega la leche y cocina mientras bates constantemente para evitar que se queme la leche. La salsa se espesará y burbujeará. Agrega la sal y la pimienta, la salchicha desmenuzada y los trozos de tocino.

4. Sirve con tus biscochos de suero de leche favoritos.

5. Si deseas hacer un lote grande de esta salsa, puedes usar trozos de salchicha para el desayuno en lugar de una croqueta y desmenuzar mientras cocinas, luego retira de la sartén y prepara la salsa de la misma manera. Necesitarás aumentar los otros ingredientes proporcionalmente, por supuesto.

3. WRAPS DE DESAYUNO DE ESPINACAS Y QUESO FETA DE STARBUCKS

Esta alternativa saludable y baja en calorías de Starbucks es barata, rápida, fácil de preparar y sabe igual que la original.

Tiempo de preparación: 10 minutos
Tiempo de cocción: 45 minutos
Porciones: 8

Ingredientes:

- 10 onzas de hojas de espinaca
- 1 lata de 14½ onzas de tomates cortados en cubitos, escurridos
- 3 cucharadas de queso crema
- 10 claras de huevo

- ½ cucharadita de orégano
- ½ cucharadita de sal de ajo
- ⅛ cucharadita de pimienta
- 6 tortillas de trigo integral
- 4 cucharadas de queso feta, desmenuzado
- Aceite en aerosol

Direcciones:

1. Aplica una capa ligera de aceite en aerosol a una sartén. Cocina las hojas de espinaca a fuego medio-alto durante 5 minutos o hasta que las hojas se marchiten, luego agrega los tomates y el queso crema. Cocina por 5 minutos más o hasta que el queso se derrita por completo. Retírala de la sartén y colócala en un tazón de vidrio y tápalo. Deja de lado.

2. En la misma sartén, agrega las claras de huevo, orégano, sal y pimienta. Revuelve bien y cocina por lo menos 5 minutos o hasta que los huevos estén revueltos. Retíralo del fuego.

3. Calienta las tortillas en el microondas durante 30 segundos o hasta que estén calientes. Coloca las claras de huevo, la mezcla de espinacas, tomate y el queso feta en el medio de las tortillas. Dobla los lados hacia adentro, como un burrito.

4. Sirve.

4. SIROPE DE ARÁNDANOS

¡Tu familia disfrutará comiendo este sirope con sabor! ¡Te va a encantar también!

Tiempo de preparación: 10 minutos
Tiempo de cocción: 20 minutos
Porciones: 8

Ingredientes:

- 2 tazas de arándanos
- ½ taza de azúcar
- 1 taza de agua
- 1 cucharada de maicena

Direcciones:

1. Combina la maicena con 2 cucharadas de agua en un tazón pequeño. Bate hasta que no queden grumos y reserva.

2. Combina el agua, los arándanos y el azúcar en una cacerola. Lleva la mezcla a ebullición, luego reduce el fuego y cocina a fuego lento durante unos 10 minutos o hasta que se haya reducido un poco. Agrega la maicena y bate hasta que esté bien combinada. Continúa cocinando a fuego lento y revuelve hasta que la salsa se espese.

3. Cuando haya alcanzado una consistencia similar a un almíbar, retira del fuego. Puedes mezcla con una licuadora de inmersión si lo deseas.

4. Sirve con panqueques o waffles.

5. MANZANAS FRITAS DE CRACKER BARREL

Este es un acompañamiento común en Cracker Barrel para los desayunos. Las manzanas fritas también son excelentes con chuletas de cerdo y se pueden usar en panqueques o helados.

Tiempo de preparación: 10 minutos
Tiempo de cocción: 20 minutos
Porciones: 8

Ingredientes:

- 8 manzanas rojas
- ½ taza de azúcar
- ¼ de libra de mantequilla
- Pizca de nuez moscada
- 1 cucharadita de canela

Direcciones:

1. No pele las manzanas. Corta las manzanas en rodajas de ½" de grosor.
2. Derrite la mantequilla a fuego medio, en una sartén antiadherente.
3. Llena la sartén con manzanas y azúcar.
4. Cubre la sartén con una tapa y cocina por 20 minutos, o hasta que las manzanas estén tiernas y jugosas.
5. Hasta sirve, espolvorea con canela y nuez moscada.

6. SALSA DE DENNY'S COUNTRY

En la misma sartén que se usa para cocinar el filete frito de Denny's Country, también se elabora esta tradicional salsa de leche. Los goteos de la sartén le dan a la salsa un sabor especial.

Tiempo de preparación: 10 minutos
Tiempo de cocción: 30 minutos
Porciones: 8

Ingredientes:
- 2 cucharadas de aceite vegetal
- 2½ tazas de leche
- 2 cucharadas de harina
- ½ cucharadita de pimienta

- ¼ de cucharadita de sal

Direcciones:

1. Usa la misma sartén en la que has cocinado el filete frito de Denny's Country.
2. Calienta el aceite en la harina y bate.
3. Revuelve constantemente durante unos cinco minutos o hasta que se dore.
4. Bate poco a poco en la leche hasta que la mezcla espese.
5. Sazona la salsa con sal y pimienta.

7. SÁNDWICH DE DESAYUNO MCGRIDDLE DE MCDONALD'S

Huevos revueltos, queso americano y tocino tierno y crujiente intercalados en dos panqueques suaves con infusión de jarabe de arce... ¡Mmm!

Tiempo de preparación: 10 minutos
Tiempo de cocción: 55 minutos
Porciones: 8

Ingredientes:

- ½ taza de sirope de arce
- 1 taza de harina
- 1 cucharadita de levadura en polvo
- ½ cucharadita de bicarbonato de sodio

- 1 taza de suero de leche
- 2 cucharadas de mantequilla derretida
- 1 huevo
- Mantequilla ablandada para engrasar el molde
- 4 lonjas de queso americano
- 4 huevos revueltos
- 4 tiras de tocino, cocido y cortado por la mitad

Direcciones:

1. Cubre una bandeja para hornear con papel pergamino y reserva.

2. Agrega el jarabe de arce a una olla y deja hervir a fuego medio mientras lo revuelves con frecuencia. Sigue revolviendo el almíbar incluso cuando ya esté hirviendo. Aproximadamente a 230° F, después de aproximadamente un minuto de ebullición, el almíbar se verá un poco más oscuro y la ebullición disminuirá hasta cierto punto. Cocina por unos 2 minutos más o hasta que el almíbar se oscurezca y empiece a oler un poco a caramelo. Está listo para ser retirado del fuego una vez que alcance los 265° F.

3. Vierte el jarabe de arce en la bandeja para hornear preparada. Extiende uniformemente en una capa fina con una espátula. Refrigera hasta que se enfríe. Dale la vuelta al almíbar, con papel pergamino ahora encima.

Luego, retira el papel y rompe el almíbar solidificado en trozos diminutos.

4. Para hacer los panqueques, combina la harina, la levadura y el bicarbonato de sodio en un tazón grande. Deja de lado.

5. En otro tazón, agrega suero de leche, mantequilla y huevo. Mezcla hasta que esté completamente combinado. Luego, vierte sobre los ingredientes secos y mezcla bien hasta que se incorporen.

6. Precalienta la plancha eléctrica a fuego medio alto.

7. Cubre el interior de los moldes redondos con mantequilla ablandada y luego colócalos en la plancha caliente cubierta con mantequilla a fuego medio. Agrega aproximadamente 2 cucharadas de masa para panqueques en cada molde y luego espolvorea cristales de arce en la parte superior. Luego, agrega 2 cucharadas más de masa para panqueques encima, intercalando los cristales de arce dentro de los panqueques.

8. Una vez que se formen burbujas y los bordes se vean cocidos, retira los moldes y voltea los panqueques. Cocina de 1 a 2 minutos más.

9. Para armar los sándwiches, agrega queso, huevos revueltos y tocino en el panqueque y luego cubre con otro panqueque.

10. Sirve inmediatamente.

8. PAN DE PLÁTANO DE IHOP

También puedes hacer tostadas francesas en casa con esta receta de pan de plátano IHOP.

Tiempo de preparación: 15 minutos
Tiempo de cocción: 30 minutos
Porciones: 4

Ingredientes:
- 4 rebanadas de pan de plátano
- 1 plátano en rodajas
- 4 cucharaditas de mantequilla
- 4 cucharadas de salsa de caramelo
- 2 huevos
- 2 cucharadas de leche

- 2 cucharadas de crema batida
- Nuez moscada opcional

Direcciones:

1. Bate un huevo y una cucharada de leche y vierte el huevo batido en un tazón poco profundo. Calienta una sartén a fuego medio y pon en la sartén alrededor de una cucharadita de mantequilla.

2. Coloca una rebanada de pan de plátano en la mezcla de los huevos, cubre uniformemente, da la vuelta al pan y luego cubre el otro lado del pan. Coloca el pan en la sartén y cocina por cada lado durante aproximadamente 1 minuto. Coloca el pan en un plato, corta el plátano a la mitad y pon la tostada.

3. Rocía las tostadas con salsa de caramelo, luego cubre con un poco de crema batida.

9. PANQUEQUES DE "NUECES Y GRANOS DE COSECHA" DE IHOP

Estos le proporcionan una bandeja abundante de carbohidratos para comenzar bien la mañana.

Tiempo de preparación: 5 minutos
Tiempo de cocción: 5 minutos
Porciones: 4

Ingredientes:

- 1 cucharadita de aceite de oliva
- ¾ taza de avena en polvo
- ¾ taza de harina integral
- ½ cucharadita de sal
- 1½ taza de suero de leche

- ¼ de taza de aceite vegetal
- 1 huevo
- ¼ de taza de azúcar
- 3 cucharadas de almendras finamente rebanadas
- 3 cucharadas de nueces en rodajas
- Sirope para server

Direcciones:

1. Calienta el aceite en una sartén a fuego medio.
2. Mientras la sartén se precalienta, pulveriza la avena en una licuadora hasta que esté lista. Luego, agrega a un tazón grande con harina, bicarbonato de sodio, polvo de hornear y sal. Mezcla bien.
3. Agrega suero de leche, aceite, huevo y azúcar en un recipiente aparte. Mezcla con una batidora eléctrica hasta que esté cremoso.
4. Mezcla los ingredientes húmedos con los secos y luego agrega las nueces. Mezcla todo junto con batidora eléctrica.
5. Saca ⅓ de taza de masa y cocina en la sartén caliente durante al menos 2 minutos o hasta que ambos lados se doren. Transfiere a un plato, luego repite para la masa restante.
6. Sirve con almíbar.

10. SÁNDWICH PODEROSO DE DESAYUNO DE PANERA

Esta comida le proporciona una rica bandeja de proteínas, carbohidratos y una amplia variedad de minerales, todo en una sola comida. Proporciona una rica reserva de proteínas animales y vegetales de una manera sabrosa dependiendo de la elección y el gusto de cada individuo.

Tiempo de preparación: 10 minutos
Tiempo de cocción: 7 minutos
Porciones: 1

Ingredientes:

- 2 claras de huevo
- 1 cucharadita de mantequilla, dividida por la mitad

- 1 bagel fino, cortado por la mitad
- Mostaza
- ¼ de aguacate, en rodajas
- 1 rodaja de tomate grande
- 4 hojas de espinaca
- 1 rebanada de queso suizo

Direcciones:

1. Cocina las claras de huevo durante aproximadamente 1 minuto en una pequeña taza de crema pastelera bien tapada en el microondas.

2. Aplica ½ cucharadita de mantequilla en ambas mitades delgadas de bagel. Cubre el interior de la mitad superior del bagel con mostaza y la otra con aguacate. Coloca las claras de huevo, el tomate, las hojas de espinaca y el queso en el bagel de abajo. Cubre con otra mitad fina de bagel.

3. Cubre una sartén caliente con una capa delgada de aceite en aerosol, fríe el sándwich a fuego medio-alto durante 3 minutos por cada lado o hasta que se doren y el queso se derrita. Utiliza una prensa de panini para este paso.

4. Sirve inmediatamente.

11. SALCHICHA CASERA DE CERDO Y SALVIA DE JIMMY DEAN

Cocina este desayuno con carne simple pero delicioso de 3 pasos en casa en solo 25 minutos.

Tiempo de preparación: 10 minutos

Tiempo de cocción: 40 minutos

Porciones: 8

Ingredientes:

- 1 libra de carne de cerdo molida
- 1 cucharadita de sal
- ½ cucharadita de perejil seco

- ¼ de cucharadita de salvia frotada
- ¼ de cucharadita de pimienta negra molida
- ¼ de cucharadita de tomillo seco
- ¼ de cucharadita de cilantro
- ¼ de cucharadita de sal sazonada

Direcciones:

1. Mezcla todos los ingredientes en un bol.
2. Forma unas salchichas. Luego, cocina en una sartén a fuego medio hasta que la carne esté dorada por ambos lados y bien cocida.
3. Sirve.

12. TORTILLAS DIY CALIFORNIA A.M.

Este alimento proporciona una rica bandeja de proteínas y carbohidratos por la mañana.

Tiempo de preparación: 10 minutos
Tiempo de cocción: 20 minutos
Porciones: 4

Ingredientes:

- 4 tortillas de hash brown congeladas
- 5 huevos grandes
- 1 cucharada de leche
- Sal y pimienta al gusto
- 4 tortillas grandes
- 1 taza de queso cheddar, rallado
- 4 tiras de tocino cortado grueso, cocido y desmenuzado

- 2 aguacates de California maduros, pelados y sin semilla
- 4 cucharadas de pico de gallo

Direcciones:

1. Cocina las tortillas de hash brown hasta que estén crujientes, según las instrucciones del paquete.
2. Agrega los huevos, leche, sal y la pimienta en un tazón. Mezcla bien hasta que esté combinado. Luego, vierte en una sartén y cocina hasta que esté revuelto. Deja de lado.
3. Calienta dos cacerolas de fondo grueso de diferentes tamaños (una más pequeña que la otra) a fuego medio. Una vez calientes, coloca las tortillas en la sartén más grande y, en cantidades iguales, agrega queso, papas fritas, huevos, tocino, aguacate y pico de gallo en el centro de la tortilla en ese orden.
4. Usando un patrón de rueda, dobla la tortilla alrededor del relleno con el borde hacia arriba. Coloca una sartén más pequeña calentada encima (como una sartén de hierro fundido) durante unos 20 segundos o hasta que se dore.
5. Sirve inmediatamente.

13. PANQUEQUE DE SUERO DE LECHE

También es rico en proteínas, mientras que, además, se puede comer en combinación con una amplia gama de otros alimentos en diferentes formas para aumentar su nivel y valor nutricional.

Tiempo de preparación: 5 minutos
Tiempo de cocción: 8 minutos
Porciones: 8 a 10

Ingredientes:

- 1¼ tazas de harina para todo uso
- 1¼ tazas de azúcar granulada
- 1 pizca de sal
- 1 huevo

- 1¼ tazas de suero de leche
- ¼ de taza de aceite de cocina

Direcciones:

1. Precalienta la sartén dejándola a fuego medio mientras preparas la masa para panqueques.
2. Toma todos los ingredientes secos y mézclalos.
3. Toma todos los ingredientes húmedos y mézclalos.
4. Combina con cuidado la mezcla seca con la mezcla húmeda hasta que todo esté completamente combinado.
5. Derrite un poco de mantequilla en un sartén.
6. Vierte lentamente la masa en la sartén hasta que tengas un círculo de 5 pulgadas.
7. Dale la vuelta al panqueque cuando sus bordes parezcan haberse endurecido.
8. Cocina el otro lado del panqueque hasta que esté dorado.
9. Repite los pasos seis a ocho hasta que termines la masa.
10. Sirve con mantequilla blanda y sirope de arce.

14. MUFFINS DE KIWI

Tiempo de preparación: 10 minutos

Tiempo de cocción: 20 minutos

Porciones: 8-12

Ingredientes:

- 1 taza de leche
- 1 cucharada de aceite de oliva
- 2 tazas de harina integral
- 1 cucharadita de bicarbonato de sodio
- 1 cucharadita de canela
- 2 huevos
- 1 taza de kiwi

Direcciones:

1. En un tazón combina todos los ingredientes secos. En otro tazón combina todos los ingredientes húmedos
2. Combina los ingredientes secos y húmedos juntos
3. Vierte la mezcla en 8-12 moldes para muffins preparados, llena 2/3 de los moldes
4. Hornea durante 18-20 minutos a 375° F
5. Cuando estén listos, sácalos del horno y sirve

15. MOZZARELLA FONDUTA AHUMADA DE OLIVE GARDEN

Si está buscando un aperitivo ligero, con queso y delicioso, la mozzarella fonduta ahumada de Olive Garden es la elección perfecta para ti.

Tiempo de preparación: 10 minutos
Tiempo de cocción: 50 minutos
Porciones: 8

Ingredientes:
- 1 rebanada de queso provolone
- ⅛ cucharadita de hojuelas de pimiento rojo triturado
- ½ cucharadita de tomillo seco
- ⅓ taza de nata half and half

- 1 ½ cucharada de queso romano rallado
- 1 ½ cucharada de queso parmesano rallado
- 1 ½ tazas de queso mozzarella ahumado rallado

Aderezo:
- 2 hojas de perejil picadas
- 1 cucharada de tomate picado

Acompañante:
- 12 rebanadas de pan toscano

Direcciones:
1. Prepara el asador precalentando a fuego alto.
2. En una cacerola pequeña, mezcla la mozzarella, queso romano, queso parmesano, tomillo, nata y la pimienta en hojuelas a fuego lento. Recuerda revolver con frecuencia. El queso debe derretirse en aproximadamente 8 a 10 minutos, y luego debes tener una mezcla suave. Vierte esta mezcla en un recipiente apto para horno y coloca una rebanada de queso provolone encima.
3. Asa la mezcla durante aproximadamente 2 a 3 minutos o hasta que el provolone esté marrón claro. Agrega tomate cortado en cubitos en el centro de la fonduta, Espolvorea un poco de perejil picado y sírvelo con pan de molde o baguette.

Tip: el pan toscano combina muy bien con esto, pero una baguette también es buena.

16. MCMUFFIN DE HUEVO Y SALCHICHA DE MCDONALD'S

Este alimento contiene fuentes ricas en hierro, así como otros minerales que proporcionan un comienzo chisporroteante para el día. También es una rica bandeja de fibras enteras, lo que resulta muy beneficioso para el organismo durante todo el día.

Tiempo de preparación: 10 minutos
Tiempo de cocción: 15 minutos
Porciones: 4

Ingredientes:
- 4 muffins ingleses, cortados por la mitad horizontalmente
- 4 rebanadas de queso procesado americano

- ½ cucharada de aceite
- 1 libra de carne de cerdo molida, picada
- ½ cucharadita de salvia seca, molida
- ½ cucharadita de tomillo seco
- 1 cucharadita de cebolla en polvo
- ¾ cucharadita de pimienta negra
- ¾ cucharadita de sal
- ½ cucharadita de azúcar blanca
- 4 rodajas grandes de aros de cebolla de ⅓ de pulgada
- 4 huevos grandes
- 2 cucharadas de agua

Direcciones:

- Precalienta el horno a 300° F.
- Cubre la mitad del muffin con queso, dejando la mitad sin tapa. Transfiere ambas mitades a una bandeja para hornear. Coloca en el horno.
- Para las hamburguesas, usa tus manos para mezclar carne de cerdo, salvia, tomillo, cebolla en polvo, pimienta, sal y azúcar en un tazón. Forma 4 hamburguesas. Asegúrate de que sean un poco más grandes que los muffins.
- Calienta aceite en una sartén. Cocina las hamburguesas por ambos lados durante al menos 2 minutos cada una o hasta que todos los lados se doren. Retira la bandeja

de muffins del horno. Coloca las hamburguesas cocidas encima del queso en los muffins. Regresa la bandeja al horno.

- En la misma sartén, coloca los aros de cebolla en una sola capa. Rompe un huevo dentro de cada uno de los aros de cebolla para hacerlos redondos. Agrega agua con cuidado a los lados de la sartén y cubre. Cocina por 2 minutos.

- Retira la bandeja de muffins del horno. Agrega los huevos encima de los muffins, luego cubre con la otra mitad del muffin.

- Sirve caliente.

17. MUFFINS DE CIRUELA JAVA

Es una rica bandeja tanto de carbohidratos como de sales minerales para una dieta equilibrada. También es fácil de preparar y se puede servir convenientemente con otras comidas más tarde en el día.

Tiempo de preparación: 10 minutos
Tiempo de cocción: 20 minutos
Porciones: 8-12

Ingredientes:

- 2 huevos

- 1 cucharada de aceite de oliva
- 1 taza de leche
- 2 tazas de harina integral
- 1 cucharadita de bicarbonato de sodio
- ¼ de cucharadita de bicarbonato de sodio
- 1 cucharadita de canela
- 1 taza de ciruela java

Direcciones:

1. En un tazón combina todos los ingredientes secos. En otro tazón combina todos los ingredientes húmedos
2. Combina los ingredientes secos y húmedos juntos
3. Vierte la mezcla en 8-12 moldes para muffins preparados, llena 2/3 de los moldes
4. Hornea durante 18-20 minutos a 375° F
5. Cuando estén listos, sácalos del horno y sirve

18. MUFFINS DE CHOCOLATE

Si nunca has probado los muffins de chocolate, no encontrarás otra oportunidad. Prueba esta receta, ¡y te volverás adicto a ella!

Tiempo de preparación: 10 minutos
Tiempo de cocción: 20 minutos
Porciones: 8-12

Ingredientes:

- 1 taza de leche
- 2 huevos 1 cucharadita de bicarbonato de sodio
- 1 cucharada de aceite de oliva
- 2 tazas de harina integral
- ¼ de cucharadita de bicarbonato de sodio
- 1 cucharadita de canela

- 1 taza de chispas de chocolate

Direcciones:

1. En un tazón combina todos los ingredientes secos. En otro tazón combina todos los ingredientes húmedos.
2. Combina los ingredientes secos y húmedos juntos. Vierte la mezcla en 8-12 moldes para muffins preparados, llena 2/3 de los moldes. Hornea por 18-20 minutos a 375º F
3. Cuando estén listos, sácalos del horno y sirve

19. MUFFINS DE MANGO

Se convertirán en una de tus comidas favoritas en poco tiempo. ¡Son deliciosos!

Tiempo de preparación: 10 minutos
Tiempo de cocción: 20 minutos
Porciones: 8-12

Ingredientes:

1 taza de leche

2 huevos 1 cucharadita de canela

1 cucharada de aceite de oliva

2 tazas de harina integral

1 cucharadita de bicarbonato de sodio

¼ de cucharadita de bicarbonato de sodio

1 taza de mango

Direcciones:

1. En un tazón combina todos los ingredientes secos
2. En otro tazón combina todos los ingredientes húmedos
3. Combina los ingredientes secos y húmedos juntos
4. Vierte la mezcla en 8-12 moldes para muffins preparados, llena 2/3 de los moldes
5. Hornea durante 18-20 minutos a 375° F
6. Cuando estén listos, sácalos del horno y sirve

20. OMELETTE DE BOK CHOY

Es un desayuno que te proporcionará la energía suficiente para afrontar un día ajetreado en el trabajo. ¡Solo inténtalo!

Tiempo de preparación: 5 minutos
Tiempo de cocción: 10 minutos
Porciones: 1

Ingredientes:

- 2 huevos
- ¼ de cucharadita de sal
- ¼ de cucharadita de pimienta negra
- 1 cucharada de aceite de oliva
- ¼ taza de queso
- ¼ de cucharadita de albahaca

- 1 taza de bok choy

Direcciones:

1. En un tazón combina todos los ingredientes y mezcla bien.
2. En una sartén calienta el aceite de oliva y vierte la mezcla de huevo.
3. Cocina por 1-2 minutos cada lado.
4. Cuando esté listo, retira el omelette de la sartén y sirve.

21. OMELETTE DE COLES DE BRUSALAS

¡Son tan saludables y deliciosos! Disfrutarás haciéndolos y te encantará comértelos.

Tiempo de preparación: 5 minutos

Tiempo de cocción: 10 minutos

Porciones: 1

Ingredientes:

- 2 huevos
- ¼ de cucharadita de sal
- ¼ de cucharadita de pimienta negra
- 1 cucharada de aceite de oliva
- ¼ taza de queso
- ¼ de cucharadita de albahaca

- 1 taza de coles de Brusalas

Direcciones:

1. En un tazón combina todos los ingredientes y mezcla bien.
2. En una sartén calienta el aceite de oliva y vierte la mezcla de huevo.
3. Cocina por 1-2 minutos cada lado.
4. Cuando esté listo, retira el omelette de la sartén y sirve.

22. OMELETTE DE ZANAHORIAS

¡Este omelette no solo es muy sabroso! ¡También se ve excelente!

Tiempo de preparación: 5 minutos
Tiempo de cocción: 10 minutos
Porciones: 1

Ingredientes:

2 huevos

¼ de cucharadita de sal

¼ de cucharadita de pimienta negra

1 cucharada de aceite de oliva

¼ taza de queso

¼ de cucharadita de albahaca

1 taza de zanahoria

Direcciones:

1. En un tazón combina todos los ingredientes y mezcla bien.
2. En una sartén calienta el aceite de oliva y vierte la mezcla de huevo.
3. Cocina por 1-2 minutos cada lado.
4. Cuando esté listo, retira el omelette de la sartén y sirve.

23. BURRITO DE DESAYUNO

Solo necesitas unos pocos ingredientes, seguir algunas instrucciones simples, y disfrutarás de un delicioso burrito ien poco tiempo!

Tiempo de preparación: 10 minutos
Tiempo de cocción: 16 minutos
Porciones: 10

Ingredientes:
- ½ libra de salchicha a granel, cocida, desmenuzada
- 10 huevos revueltos
- 1 tomate mediano, cortado en cubitos
- 1 cebolla pequeña, cortada en cubitos

- 3 cucharadas de chile verde enlatado, cortado en cubitos
- Un poco de sal y pimienta
- 10 tortillas de harina, tibias
- 10 rebanadas de queso americano, cortadas a la mitad
- Algo de salsa
- Un poco de crema agria

Direcciones:

1. Mezcla los primeros seis ingredientes en un tazón mediano.
2. Unta con mantequilla una sartén antiadherente a fuego medio.
3. Vierte la mezcla en la sartén y luego cocina hasta que el huevo esté cocido a tu gusto.
4. Cuando la mezcla haya alcanzado la consistencia deseada, retírala del fuego.
5. Coloca las tortillas y comienza a armar tus burritos colocando una décima parte de la mezcla en cada una de las tortillas.
6. Coloca el queso encima de la mezcla de huevo, luego enrolla la tortilla para hacer el burrito.
7. Adorna el rollo con salsa y crema agria y sirve.

24. MUFFINS DE QUESO CREMA DE CALABAZA DE STARBUCKS

Lleno de sabores y especias otoñales, relleno de queso crema y espolvoreado con crujientes semillas de calabaza confitadas. ¡Estarás feliz de hacer el tuyo en casa!

Tiempo de preparación: 10 minutos

Tiempo de cocción: 65 minutos

Porciones: 8

Ingredientes:

Relleno de queso crema:

- 1 paquete (8 onzas) de queso crema, cortado en cubos, a temperatura ambiente
- ½ taza de azúcar
- 1 cucharadita de vainilla
- Semillas de calabaza confitadas
- 3 cucharadas de azúcar
- ½ taza de semillas de calabaza
- ¼ de cucharadita de canela

Masa para muffins:

- 1 taza de puré de calabaza
- ⅓ taza de aceite vegetal
- ½ taza de azúcar
- ½ taza de azúcar morena
- 2 huevos
- 1 cucharadita de bicarbonato de sodio
- ¼ de cucharadita de sal
- 1½ cucharaditas de canela
- 1 cucharadita de jengibre molido
- ½ cucharadita de clavo molido
- ½ cucharadita de pimienta gorda molida
- 2 tazas de harina, dividida
- ¼ taza de leche

Direcciones:

1. Prepara el relleno primero. Bate los ingredientes hasta que quede suave. Coloca en el refrigerador para que quede firme.

2. Prepara las semillas de calabaza confitadas. Cubre una bandeja para hornear galletas con papel pergamino. Coloca el azúcar en una cacerola a fuego medio. Cuando el azúcar comience a hervir y a dorarse, reduce el fuego a bajo. Agrega las semillas y la canela. Sigue revolviendo hasta que el azúcar esté caramelizado y pegajoso, haciendo que las semillas formen racimos. Transfiere las semillas a papel pergamino para que se enfríen. Cuando se enfríe, rompe los racimos en semillas individuales.

3. Precalienta el horno a 350º F y forra los moldes para muffins.

4. Bate el puré de calabaza, el aceite y los azúcares, solo para combinar.

5. Bate los huevos, el bicarbonato de sodio, la sal, las especias y 1 taza de harina.

6. Por último, agrega la leche y el resto de la harina. Mezcla solo para incorporar. No mezcles mucho.

7. Llena cada molde para muffins hasta aproximadamente ¾ de su capacidad.

8. Coloca una cucharada de relleno de queso crema encima de cada uno.

9. Espolvorea con semillas de calabaza confitadas.

10. Hornea hasta que un palillo insertado en uno o dos de los muffins salga limpio (aproximadamente 15 minutos).

11. Deja enfriar sobre una rejilla antes de sacarlo del molde para muffins.

25. MONKEY BREAD DE CINNABON

Deliciosos rollos de canela, unidos con un "pegamento" de almíbar y miel, y rociados con glaseado blanco.

Tiempo de preparación: 10 minutos
Tiempo de cocción: 45 minutos
Porciones: 8

Ingredientes:

- 3 latas de masa de rollo de canela y canela
- 1 taza de azúcar
- 1 cucharada de canela
- ½ taza (1 barra) de mantequilla derretida

- ½ taza de azúcar morena
- 2 cucharadas de miel
- Glaseado (opcional)
- 1 cucharada de leche
- 1 cucharadita de mantequilla
- 2 tazas de azúcar en polvo

Direcciones:

1. Precalienta el horno a 400° F. Engrasa un Bundt o un molde para pan.
2. Corta cada rollo de masa por la mitad y haz bolas.
3. Combina el azúcar y la canela y colócalos en una bolsa de plástico o en un plato poco profundo.
4. Cubre la masa con el azúcar de canela.
5. Coloca la masa en la sartén.
6. En un tazón, mezcla la mantequilla, el azúcar morena y la miel hasta que se disuelva todo el azúcar.
7. Vierte la mezcla de miel de manera uniforme sobre la masa en la sartén.
8. Hornea hasta que esté fragante y dorado, o con una temperatura interna de 190–200° F (aproximadamente 20 minutos).
9. Si usas glaseado, prepáralo mientras se hornea el pan. Coloca los ingredientes en una cacerola a fuego lento; revolviendo continuamente hasta que quede suave.

Debe tener una buena consistencia para rociar. Agrega unas gotas de agua o leche si está demasiado espesa.

10. Deja que el pan se enfríe durante unos 5 minutos antes de sacarlo de la sartén. Rocía con glaseado (opcional).

26. PANCAKE PUPPIES DE DENNY

Si te gustan las rosquillas frescas, probablemente te gusten estas bolitas de panqueques del tamaño de un bocado envueltas en azúcar en polvo. Sirve con un tazón pequeño de almíbar para mojar.

Tiempo de preparación: 10 minutos
Tiempo de cocción: 50 minutos
Porciones: 8

Ingredientes:
- Aceite vegetal para freír
- 1/3 taza de leche
- 1 taza de mezcla para panqueques *Aunt Jemima Original*

- 1 huevo
- 1 cucharada de chispas de chocolate blanco finamente picadas
- ½ taza de arándanos secos picados
- Azúcar en polvo, para espolvorea

Direcciones:
1. En una freidora, precalienta el aceite.
2. Combina la mezcla de panqueques, la leche y el huevo en un plato mediano.
3. Agrega las chispas de chocolate y los arándanos y revuelve.
4. Deja reposar la masa para espesar durante 10 minutos.
5. Usa una bola de helado cubierta de aceite para hacer una bola de masa, cuando el aceite esté caliente, y colócala en el aceite caliente.
6. Cocina de 2½ a 3 minutos, hasta que la masa esté de color marrón oscuro.
7. Coloca sobre toallas de papel para escurre y cubre con azúcar en polvo.

27. OMELETTE DE FAJITAS DE POLLO IHOP

En estos días, verás fajitas en todas partes en el menú. Hay omelettes de fajita, nachos de fajita y ahora burritos de fajita. Esta es una receta perfecta para usar las sobras de las fajitas.

Tiempo de preparación: 10 minutos
Tiempo de cocción: 40 minutos
Porciones: 8

Ingredientes:

- ¼ taza de salsa
- 2 huevos
- ½ taza de fajitas sobrantes (pollo, cebollas y pimientos)
- 1 cucharadita de agua
- ½ taza de queso mexicano, rallado

Direcciones:

1. Bate los huevos y el agua en un tazón pequeño.

2. Vierte la mezcla de huevo en una sartén mediana y cocina de 1 a 2 minutos a fuego medio hasta que el huevo comience a cuajar.

3. Mezcla el pollo, los pimientos y las cebollas.

4. Dobla la tortilla a la mitad. Apaga el fuego.

5. Cubre con salsa y queso.

6. Cierra la sartén con una tapa y déjala reposar hasta que el queso se derrita.

28. MUFFINS DE MAÍZ

Tiempo de preparación: 15 minutos

Tiempo de cocción: 30 minutos

Porciones: 4

Ingredientes:

- 4 cucharadas de azúcar
- 4 cucharadas de mantequilla
- 4 cucharadas de crema líquida no láctea
- 4 cucharadas de harina de maíz amarilla
- 3/4 taza de harina con levadura

Direcciones:

1. En primer lugar, agrega los ingredientes al bol y bate bien hasta que se vea como una masa de pastel suave.

2. Divide la masa en ocho envases engrasados para cupcakes y llena los 4 restantes con agua.

3. Después de eso, debes hornear durante 16 a 18 minutos a 400° F. Deja la bandeja a un lado para que se enfríe durante unos minutos, luego retírala con dos tenedores para que el agua no se revuelva.

CAPÍTULO 2: ENSALADAS Y GUARNICIONES

29. ENSALADA DE POLLO BBQ

Esto lo convierte en el plato perfecto para servir cuando quieras darte un capricho.

Tiempo de preparación: 40 minutos
Tiempo de cocción: 15 minutos
Porciones: 4

Ingredientes:

- 1 pechuga de pollo grande, deshuesada y sin piel
- 3 cucharadas de aderezo ranch
- 1 lata de frijoles negros
- Cabeza de lechuga romana grande
- 1 taza de granos de elote, frescos o congelados
- 3 cucharadas de salsa barbacoa y más para marinar y rociar
- 1 taza de tiras de tortilla tricolor

Direcciones:

1. Coloca la pechuga de pollo en una bolsa grande con cierre hermético y agrega la salsa barbacoa; suficiente para cubrir la carne. Sella y deja macerar durante media hora.
2. Precalienta tu parrilla a fuego medio alto.
3. Enjuaga los frijoles negros, pica la lechuga romana y calienta una sartén a fuego medio-alto.

Para aderezar:

4. Combina la salsa barbacoa junto con el ranch al gusto.
5. Rocía la parrilla con spray antiadherente para parrilla y coloca la pechuga de pollo marinada sobre la parrilla. Asa hasta que el pollo esté completamente cocido y los jugos salgan claros, durante seis minutos por lado.
6. Mientras tanto, agrega el maíz a la parrilla. Espolvorea ligeramente con pimentón ahumado y cocina a la

parrilla hasta que algunos granos estén ligeramente ennegrecidos.

7. Deja reposar el pollo durante unos minutos y luego córtalo en trozos pequeños del tamaño de un bocado.

8. Agrega la lechuga romana junto con el pollo, los frijoles negros, las tiras de tortilla y el maíz en un tazón grande para servir. Agrega el aderezo, revuelve hasta que esté uniformemente cubierto. Rocía más salsa barbacoa sobre los ingredientes, si lo deseas. Sirve inmediatamente y disfruta.

30. ENSALADA DE PASTA HOOTERS

Si estás buscando un nuevo plato al gusto con la familia, prueba la ensalada de pasta Hooters.

Tiempo de preparación: 20 minutos
Tiempo de cocción: 30 minutos
Porciones: 4

Ingredientes:

- 1 ½ cucharada de azúcar granulada
- ⅓ taza de vinagre de vino tinto
- 2 cucharaditas de chalota picada
- ½ cucharadita de tomillo seco
- 1 cucharadita de jugo de limón, fresco
- ⅔ taza de aceite vegetal

- ¼ de cucharadita de perejil en hojuelas, seco
- 1 cucharada de mostaza Grey Poupon Dijon
- ¼ de cucharadita de ajo en polvo
- Una pizca de cebolla en polvo
- ⅛ cucharadita de sal, pimienta negra molida gruesa, albahaca seca y orégano seco
- 4 cuartos de galón de agua
- 1 libra de *tri-color radiatore* o *rainbow rotini* (color rojo, verde y blanco)
- 2 tomates medianos o 1 grande
- 1 cebolla verde
- ¼ taza de pepino, picado
- Sal al gusto
- 1 a 2 cucharaditas de aceite vegetal
- Lechuga de hoja verde, para decorar, opcional

Direcciones:

1. Para el aderezo, combina azúcar granulada con vinagre de vino tinto, chalota picada, tomillo, jugo de limón, aceite vegetal, hojuelas de perejil, mostaza Grey Poupon Dijon, ajo en polvo, cebolla en polvo, sal, pimienta negra molida gruesa, albahaca seca y orégano seco usando una batidora eléctrica en un tazón grande. Continúa mezclando a alta velocidad hasta que el aderezo se vuelva espeso y cremoso, durante uno o dos

minutos. Coloca el aderezo preparado en un recipiente sellado y guárdalo en el refrigerador hasta que esté listo para mezclar.

2. Llena una olla profunda con 4 litros de agua y déjala hervir. Una vez hecho, agrega la pasta y cocina hasta que esté tierna, de 12 a 15 minutos; escurre bien.

3. Rocía un chorro suave de agua fría sobre la pasta caliente. Rocía con el aceite y mezcla suavemente. Agrégalo en el recipiente tapado y déjalo enfriar durante 30 minutos en el refrigerador.

4. Mientras tanto, prepara las verduras. Retira la pulpa blanda y las semillas de los tomates antes de cortarlos en cubitos, usa la parte verde de las cebolletas o la cebolla verde y pica el pepino en trozos pequeños.

5. Cuando puedas manipular la pasta con facilidad, agrega el tomate cortado en cubitos con pepino y cebolla verde. Espolvorea sal sobre la ensalada de pasta y colócala nuevamente en el refrigerador hasta que se enfríe bien.

6. Cuando termine; colócalo sobre los platos y coloca el aderezo de vinagreta preparado a un lado.

31. ENSALADA DE COLES DE BRUSELAS Y COL RIZADA

Incluso Cracker Barrel tiene algunas opciones saludables en su menú. Esta receta presenta una versión imitada de su ensalada N 'kale de coles de Bruselas.

Tiempo de preparación: 5 minutos
Tiempo de cocción: 0 minutos
Porciones: 6

Ingredientes:
- 1 manojo de col rizada
- 1 libra de coles de Bruselas
- ¼ de taza de pasas (o arándanos secos)
- ½ taza de nueces, picadas

Vinagreta de maple:

- ½ taza de aceite de oliva
- ¼ taza de vinagre de sidra de manzana
- ¼ de taza de sirope de arce
- 1 cucharadita de mostaza seca

Direcciones:

1. Corta la col rizada y las coles de Bruselas con un rallador de queso o una cortadora de mandolina. Transfiere a una ensaladera.
2. Agrega las nueces a una sartén a fuego alto. Tostar durante 60 segundos, luego transferir a la ensaladera.
3. Agrega las pasas.
4. Mezcla todos los ingredientes para la vinagreta y bate para combinar.
5. Vierte la vinagreta sobre la ensalada y mezcla. Refrigera por unas horas o preferiblemente durante la noche antes de servir.

32. ENSALADA DE TOMATE, PEPINO Y CEBOLLA

Esta receta de Cracker Barrel te recordará el verano cada vez que la prepares.

Tiempo de preparación: 5 minutos
Tiempo de cocción: 0 minutos
Porciones: 6

Ingredientes:

- 1 libra de tomates uva
- 3 pepinos en rodajas
- ½ taza de cebolla blanca, en rodajas finas
- 1 taza de vinagre blanco
- 2 cucharadas de aderezo italiano
- ½ taza de azúcar

Direcciones:

1. Bate vinagre, azúcar y aderezo italiano en un tazón pequeño.

2. Agrega los pepinos, los tomates y las cebollas. Mezcla para cubrir. Cubre con una envoltura de plástico y refrigera hasta que esté listo para servir o durante al menos 1 hora antes de servir.

33. SALSA DE TOMATE ASADO

Este plato seguramente deleitará a toda la familia. Te calentará de adentro hacia afuera y en cada bocado.

Tiempo de preparación: 2 horas
Tiempo de cocción: 75 minutos
Porciones: 4

Ingredientes:

- 1 1/2 kilos de tomates
- 3 cucharadas de aceite de oliva extra virgen
- 6 dientes de ajo pelados
- 1/2 taza de cebolla en rodajas

- 2 cucharaditas de condimento italiano
- 1 cucharadita de sal kosher
- 1/4 de cucharadita de pimienta negra recién molida
- 3 cucharadas de albahaca picada

Ingredientes opcionales:
- 2 cucharadas de pasta de tomate
- 500 g de pasta
- 1/8 cucharadita de hojuelas de pimiento rojo picado

Direcciones:

1. Reúne los ingredientes de la salsa de tomate asado y precalienta el horno a 150° C.

2. Lava los tomates, quítales el tallo y cortarlos en trozos de 2 centímetros aproximadamente.

3. Mezcla los tomates en un tazón grande con aceite de oliva, cebolla en rodajas, dientes de ajo enrollados, condimento italiano, sal y pimienta negra molida.

4. Coloca los tomates en una sola capa en una bandeja para hornear y hornea por 60 minutos. Pon los tomates asados y los condimentos en un procesador de alimentos o licuadora.

5. Mezcla bien y transfiere a una cacerola grande y agrega albahaca picada, pimientos rojos y pasta de tomate, si lo deseas. Lleva la salsa de tomate asado a fuego lento y cocina por 15 minutos o hasta que se reduzca y espese.

6. Cuece la pasta en agua hirviendo con sal; escúrrela. Mezcla de pasta caliente escurrida con la salsa y sirve con pan de ajo si lo deseas.

7. Si no vas a usar la salsa de inmediato, colócala en un recipiente o en frascos de vidrio con tapa y refrigera y consume hasta por 3 días, o guárdala en el congelador hasta por 4 meses.

34. ENSALADA Y ADEREZO DE LA CASA

Este es un gran plato para cualquier ocasión. Es muy sustancioso. Puedes servirlo junto con una ensalada y un poco de pan para completar un buen desayuno.

Tiempo de preparación: 10 minutos
Tiempo de cocción: 0
Porciones: 12

Ingredientes:
Ensalada:

- 1 cabeza de lechuga iceberg
- ¼ de cebolla morada pequeña, en rodajas finas
- 6-12 aceitunas negras, sin hueso
- 6 pepperoncini
- 2 tomates roma pequeños, en rodajas
- Picatostes
- ¼ taza de queso romano o parmesano rallado o rallado

Aderezo:

- 1 paquete de mezcla de aderezo italiano
- ¾ taza de aceite vegetal/de canola
- ¼ taza de aceite de oliva
- 1 cucharada de mayonesa
- ⅓ taza de vinagre blanco
- ¼ de taza de agua
- ½ cucharadita de azúcar
- ½ cucharadita de condimento italiano seco
- ½ cucharadita de sal
- ¼ de cucharadita de pimienta
- ¼ de cucharadita de ajo en polvo

Direcciones:

1. Para hacer el aderezo, combina todos los ingredientes en un tazón pequeño. Mezcla bien. Refrigera por 1 hora para marinar.

2. Agrega los ingredientes de la ensalada a una ensaladera. Cuando esté listo para servir, agrega un poco del aderezo a la ensalada y mezcla para cubrir. Agrega queso rallado como guarnición si lo deseas.

3. Guarda el aderezo restante en un recipiente hermético. Mantener refrigerado y se puede almacenar hasta por 3 semanas.

35. ENSALADA SANTA FE CRISPERS

Todos en tu familia querrán agregar este plato a sus comidas semanales regulares.

Tiempo de preparación: 10 minutos

Tiempo de cocción: 30 minutos

Porciones: 4

Ingredientes:

- 1 ½ libras de pechugas de pollo deshuesadas y sin piel
- 1 cucharada de cilantro fresco picado
- ¾ taza de Chile Santa Fe marinado con limón y ajo de Lawry, cantidad dividida
- 1 paquete (10 onzas) de lechuga romana cortada, aproximadamente 8 tazas

- 2 cucharadas de leche 1 taza de frijoles negros, escurridos y enjuagados
- ½ taza de crema agria 1 taza de maíz en grano entero enlatado escurrido
- ¼ de taza de cebolla morada picada
- 1 aguacate mediano, cortado en trozos
- ½ taza de Monterey Jack, rallado
- 1 tomate mediano, cortado en trozos

Direcciones:

1. Coloca el pollo en un plato de vidrio grande o en una bolsa de plástico con cierre para marinar.
2. Agrega aproximadamente ½ taza de la marinada Santa Fe, voltea varias veces hasta que esté bien cubierta.
3. Refrigera por 30 minutos o más.
4. Saca el pollo de la marinada.
5. Asa el pollo hasta que esté bien cocido, de 6 a 7 minutos por lado, a fuego medio; untar con 2 cucharadas de la marinada sobrante. Corta el pollo en rodajas finas.
6. Combina la crema agria junto con la leche, la marinada sobrante y el cilantro con un batidor de varillas en un tazón mediano hasta que quede suave. Coloca la lechuga en una bandeja grande para servir.
7. Cubre con el pollo, aguacate, maíz, frijoles, queso, tomate y cebolla.
8. Sirve con nachos y aderezo. Disfruta.

36. RAGÙ (SALSA DE CARNE ITALIANA)

El ragù (salsa de carne italiana) siempre ha sido un favorito entre muchas personas y es bastante fácil de hacer.

Tiempo de preparación: 55 minutos
Tiempo de cocción: 20 minutos
Porciones: 6

Ingredientes:
Para el sofrito:

- 2 cucharadas de aceite de oliva
- 1 taza de cebolla picada
- 1/2 taza de zanahoria picada

- 1/2 taza de apio cortado en cubos pequeños

Para el ragù:

- 30 g de hongos porcini secos
- 2 cucharadas de pasta de tomate
- 5 lonjas finas de jamón serrano
- 120 g de carne de cerdo picada
- 120 g de carne molida
- 1/2 taza de vino tinto seco
- 350 g de puré de tomate
- Sal marina fina
- Pimienta negra recién molida al gusto
- Una pizca de nuez moscada recién molida
- 1/2 cucharadita de ralladura de limón finamente rallada

Direcciones:

1. Reúne los ingredientes salteados.
2. Calienta el aceite de oliva en una cacerola a fuego medio-bajo. Sofríe la zanahoria, la cebolla y el apio hasta que se ablanden y disminuyan un poco, y las cebollas se caramelicen.
3. Reúne los ingredientes del ragù.
4. Coloca los hongos porcini secos en un tazón pequeño y cúbrelos con agua tibia. Deja reposar durante 15 minutos.

5. Cuando los champiñones se ablanden, escurre y guarda el agua en un recipiente aparte. Pica finamente los champiñones y reserva.

6. Agrega la pasta de tomate a la salsa y cocina hasta que espese.

7. Agrega la carne de cerdo molida y la carne picada. Aumenta el fuego hasta que se dore y revuelve con una cuchara de madera constantemente.

8. Agrega el vino y mezcla hasta que se evapore.

9. Agrega los porcini picados y el puré de tomate. Revuelve y sazona con nuez moscada, sal y pimienta negra recién molida.

10. Vierte los champiñones en agua de remojo y cuando haya terminado la salsa ragú, retíralo del fuego y agrega el sofrito y la ralladura de limón finamente rallada.

37. ENSALADA EXPLOSIÓN DE QUESADILLA

La ensalada explosión de quesadilla es una comida deliciosa y mantendrá satisfecha a toda tu familia.

Tiempo de preparación: 20 minutos
Tiempo de cocción: 20 minutos
Porciones: 1

Ingredientes:

- 1 croqueta de pollo vegetariana
- 6 onzas de mezcla para ensaladas en bolsas

Para el aderezo Chipotle Ranch:

- 1 taza de leche al 2%
- 1 paquete de mezcla de aderezo ranch
- 1 cucharadita de chiles chipotles en salsa adobo

- 1 taza de yogur griego descremado

Para la vinagreta balsámica de cítricos:

- 2 cucharadas de vinagre balsámico
- ½ cucharadita de ralladura de naranja
- 2 cucharadas de *Splenda*
- ¼ de taza de jugo de naranja
- Una pizca de nuez moscada

Para las tiras de camote:

- ¼ de batata mediana, lavada, en rodajas finas y cortada en tiras
- aceite en aerosol antiadherente
- ¼ de cucharadita de sal

Para la quesadilla de queso:

- 1 tortilla de harina de trigo integral con balance de carbohidratos de misión
- 1 onza de queso Colby Jack bajo en grasa, rallado

Para salsa de maíz tostado y frijoles negros:

- 1 taza de frijoles negros, enjuagados
- 2 mazorcas de maíz, tostadas, sin los granos de la mazorca
- ½ taza de cilantro fresco, picado
- 1 cucharada de jugo de lima recién exprimido
- ¼ de cebolla morada picada

- 1 chile jalapeño, asado, pelado, sin semillas, desvenado y picado
- Sal al gusto
- 1 pimiento rojo, mediano, asado, pelado, sin semillas y picado

Direcciones:
Para las tiras de camote:

1. Precalienta el horno a 350° F. Cubre ligeramente las tiras con aceite en aerosol antiadherente y luego, espolvorea ligeramente con sal. Coloca en una bandeja para hornear de tamaño grande en una sola capa y hornea por 15 a 20 minutos. No olvides revolver las tiras y darle la vuelta a la mitad durante el proceso de horneado.
2. Reserva y deja enfriar hasta que esté listo.

Para la salsa de maíz tostado:

1. Agrega el maíz junto con los pimientos y los frijoles negros a un tazón grande y luego exprime el jugo de lima encima; agrega sal al gusto. Revuelve bien los ingredientes y agrega el cilantro fresco.

Para el aderezo Chipotle Ranch:

1. Agrega yogur y leche a la mezcla de aderezo ranch. Agrega el chipotle y guárdalo en el refrigerador.

Para la vinagreta balsámica de cítricos:

1. A fuego lento en una cacerola grande; coloca todos los ingredientes juntos y cocina por un minuto. Reserva, deja enfriar y luego refrigerar.

Para la quesadilla:

1. Coloca el queso en la mitad de la tortilla y luego dóblalo.

2. Cubre ligeramente la tortilla con el aceite en aerosol antiadherente y luego cocina a fuego medio-alto en una sartén grande. Cocina hasta que el queso se derrita por completo, durante un minuto por cada lado. Corta en 4 gajos.

3. Prepara la croqueta vegetariana de "pollo" según las instrucciones mencionadas en el paquete y luego córtela en tiras finas.

4. Coloca aproximadamente 6 onzas de la mezcla para ensalada en el plato y luego cubre con las tiras de "pollo", la salsa de frijoles negros, las tiras de camote y el maíz tostado.

5. Coloca la quesadilla cortada alrededor del borde del plato y luego rocía la ensalada con los aderezos preparados.

38. ENSALADA DE POLLO CARIBEÑO ASADO DE CHILI

Es dulce, crujiente, genial y ahora es tuyo. La ensalada contiene un aderezo de miel y lima para un sabor isleño.

Tiempo de preparación: 5 minutos
Tiempo de cocción: 30 minutos
Porciones: 6

Ingredientes:

- 4 pechugas de pollo deshuesadas y sin piel
- Aderezo de miel y lima
- ½ taza de adobo teriyaki
- ¼ taza de mostaza de Dijon
- ¼ de taza de miel

- 1 cucharada de aceite de sésamo
- 1½ cucharaditas de azúcar
- 1½ tazas de vinagre de sidra de manzana
- 1½ cucharaditas de jugo de lima
- 2 tomates cortados en cubitos
- Pico de gallo
- ½ taza de cebollas españolas picadas
- 2 cucharaditas de chile jalapeño picado
- Pizca de sal

Ensalada:

- 2 cucharaditas de cilantro picado
- 4 tazas de lechuga de hoja picada
- 4 puñados de nachos, partidos en pedazos
- 1 taza de col lombarda picada
- 4 tazas de lechuga iceberg picada
- 1 lata de trozos de piña escurridos

Direcciones:

1. Marina el pollo en adobo teriyaki en el refrigerador durante 2 horas.
2. Combina todos los ingredientes del aderezo en un recipiente pequeño y enfría en el refrigerador durante 30 minutos.

3. Mezcla todos los ingredientes del pico de gallo en un tazón pequeño y enfría en el refrigerador por 30 minutos.

4. Precalienta la parrilla y cocina cada lado de la pechuga de pollo a la parrilla durante 5 minutos o hasta que esté lista. Córtala en tiras.

5. Pon la lechuga y el repollo en una ensaladera grande.

6. Agrega el pico de gallo, el aderezo, la piña y los nachos.

7. Agrega tiras de pollo a la parrilla y sirve.

39. CAZUELA DE JAMÓN Y HUEVO

¡Esto no solo es muy sabroso! ¡Esta cazuela también se ve excelente!

Tiempo de preparación: 10 minutos
Tiempo de cocción: 35 minutos
Porciones: 8

Ingredientes:

- ⅓ taza de jamón magro (el curado en el campo es lo mejor)
- 1 rebanada de pan de masa fermentada, sin corteza y cortada para que quepa en el fondo de una cazuela
- 5 huevos batidos (aproximadamente 1 taza)
- ¼ taza de leche evaporada
- ¼ de cucharadita de sal

- ¼ de cucharadita de pimienta negra molida
- ¾ taza de queso cheddar suave rallado

Direcciones:

1. Prepara una cazuela rociando con aceite en aerosol antiadherente o engrasando. Coloca el pan de masa en el fondo.
2. En un tazón mediano, bate los huevos, sal, pimienta y leche evaporada. Revuelve hasta que esté completamente combinado, luego vierte sobre el pan de masa.
3. Agrega el jamón cortado en cubitos, luego cubre con queso rallado.
4. Refrigera por un par de horas o preferiblemente durante la noche.
5. Hornea en un horno precalentado a 350° F durante 20–22 minutos o hasta que cuaje.

40. ENSALADA MUFFALETTA DE DAVE & BUSTER

Esta ensalada de pasta fría es una variación de los grandes sándwiches de muffaletta redondos de Nueva Orleans que incluyen carnes y quesos italianos. Los orígenes de la muffaletta provienen de una tienda de comestibles de Nueva Orleans que estaba cerca del mercado de agricultores. Los italianos entraban y pedían ensalada de aceitunas, fiambres, queso y pan, por lo que el dueño de la tienda sugirió hacer un sándwich con eso. Esta muffaletta se está preparando con los mismos ingredientes hoy y es lo suficientemente grande para servir a algunas personas.

Tiempo de preparación: 5 minutos

Tiempo de cocción: 40 minutos

Porciones: 6

Ingredientes:

- 24 rodajas de pepperoni
- 4 onzas de jamón en rodajas
- 2 onzas de salami en rodajas
- 4 onzas de pavo en rodajas
- 1 taza de pimientos rojos asados
- 1 taza de apio en rodajas
- ¼ taza de aceitunas negras en rodajas
- ¼ taza de queso Asiago rallado
- 4 cucharadas de cebolla verde picada
- ½ taza de aceitunas para ensalada verde picadas
- 3 cucharadas de aderezo italiano
- 1¼ libras de pasta en espiral
- 1½ tazas de lechuga variada
- 1 taza de tomates Roma cortados en cubitos
- ¼ taza de hojas de espinaca en juliana
- 1 taza de mezcla de queso italiano

Direcciones:

1. Corta el pepperoni, el salami, el jamón y el pavo en juliana fina. Coloca las carnes en un tazón grande.

2. Agrega el apio y las cebollas al bol y también los pimientos asados.

3. Pica ambos tipos de aceitunas y agrégalas al bol.

4. Agrega la pasta después de que esté cocida.

5. Vierte el aderezo italiano sobre la pasta y mezcla todo suavemente.

6. Coloca una variedad de lechugas y espinacas en un plato para servir frío y deja la ensalada de pasta en el medio.

7. Coloca la mezcla de ensalada en el medio de la olla.

8. Cubre la ensalada con los tomates y los quesos.

41. ENSALADA DE MARISCOS GOLDEN CORRAL

Este plato es ideal para un almuerzo ligero y rápido. Se puede comer como sándwich encima de las verduras para ensalada, en una tortilla o sobre pan.

Tiempo de preparación: 5 minutos
Tiempo de cocción: 50 minutos
Porciones: 6

Ingredientes:
- 1 libra de carne de cangrejo de imitación rallada
- ½ taza de mayonesa
- 1 taza de apio cortado en cubitos
- ¼ de taza de cebollas verdes picadas
- 3 huevos duros pelados y picados

- 1 cucharada de jugo de limón

Direcciones:

1. En una taza mediana, pon todos los ingredientes junto con una tapa.

2. Refrigera para permitir que los sabores se mezclen durante al menos 1 hora antes de servir.

42. ENSALADA HOUSA DE OLIVE GARDEN

La promoción de Olive Garden de sopa libre, ensalada y palitos de pan es una de las campañas de marketing más exitosas de todos los tiempos. Se ha duplicado en muchas otras cadenas de restaurantes, como Endless Lunch de T.G.I. Friday y el Bottomless Express Lunch de Chili. Ten la seguridad de que esta clásica ensalada italiana será un éxito entre amigos y familiares. Para hacer una verdadera comida casera de Olive Garden, sírvela con algunos palitos de pan y sopas.

Tiempo de preparación: 5 minutos
Tiempo de cocción: 50 minutos
Porciones: 6

Ingredientes:

- 1 bolsa de mezcla para ensalada American Blend
- 10 aceitunas negras
- 10 rodajas de cebolla morada
- 8 pimientos banana
- 1 tomate en rodajas
- 1 taza de picatostes
- Aderezo para ensaladas Olive Garden, al gusto

Direcciones:

1. En un recipiente mediano con tapa, mezcla todos los ingredientes.
2. Enfría en el refrigerador durante 1 a 2 horas con ensalada y platos para servir.
3. Coloca el aderezo en el fondo del plato. Aplica los ingredientes de la ensalada fría sobre el aderezo.

43. ADEREZO PARA ENSALADAS OLIVE GARDEN

Es rápido hacer el aderezo para ensaladas de Olive Garden en casa y sabe mejor que cualquier cosa que comprarías en los estantes del supermercado. Si se coloca en un recipiente hermético en el refrigerador, el aderezo se puede conservar durante unos 10 días.

Tiempo de preparación: 5 minutos
Tiempo de cocción: 60 minutos
Porciones: 6

Ingredientes:

- ½ taza de mayonesa
- 1 cucharadita de aceite vegetal
- 1/3 taza de vinagre blanco
- 2 cucharadas de sirope de maíz
- 2 cucharadas de queso Romano
- ¼ de cucharadita de sal de ajo
- 2 cucharadas de queso parmesano
- ½ cucharadita de condimento italiano
- 1 cucharada de jugo de limón
- Azúcar (opcional)
- ½ cucharadita de hojuelas de perejil

Direcciones:

1. Coloca todos los ingredientes en una licuadora. Licua bien hasta que todo esté mezclado.
2. Si consideras que el aderezo está un poco agrio para que coincida con tus gustos, agrega un poco de azúcar.

CONCLUSIÓN

Las recetas de imitación de restaurantes se han vuelto muy populares con el costo siempre alto de comer fuera de casa. Este libro ha compartido contigo recetas secretas de todos tus restaurantes favoritos en Estados Unidos para que puedas prepararlas en la comodidad de tu hogar.

Salir con familiares y amigos a los restaurantes se ha convertido en una tendencia hoy en día. Puede ser el delicioso e inolvidable sabor de sus platos. Puede ser que solo queramos socializar. Cualquiera que sea la razón, comer comida casera tiene su importancia. Podrás controlar tus porciones de alimentos y mantener una dieta equilibrada. Te ayudará a ahorrar tiempo y dinero, además de establecer un patrón de alimentación más saludable. Si siempre has querido cocinar los platos de tu restaurante favorito en casa sin gastar una fortuna, ahora es posible.

Si preparas estos platos tú mismo en lugar de salir a comer fuera, verás cuánto ahorras realmente para cada plato y comprenderás de qué estoy hablando. Recuerda, no te limites y experimenta, sé creativo y diviértete.

Es posible que te encuentres en la situación de no poder o no querer ir a tu restaurante favorito para disfrutar de algunas de las deliciosas comidas que sirven allí. Es posible que no tengas transporte, tengas una afección médica o simplemente no te guste comer en espacios públicos, sin mencionar que tal vez estés buscando ahorrar algo de dinero o tiempo. Lo más probable es que desees pedir comida para llevar o cocinar esas mismas comidas deliciosas por tu cuenta. Cocinarlas por tu cuenta es la mejor opción, ya que es más barato y no requiere demasiado tiempo.

Si te encuentras en esta categoría, este libro está dedicado a ti, aunque cualquier persona interesada en aprender los secretos detrás de estos platos famosos de restaurantes puede leer. Imagínate lo maravilloso que será ser responsable de la calidad de la comida que comes, lo impresionados que estarán tus seres queridos y cuánto dinero ahorrarás eligiendo cocinar tu propia comida en casa. Tienes la opción de hacer tus compras semanales, comprar todos los ingredientes que necesitas y cocinar las comidas que te gustan a tu propio ritmo y en la comodidad de tu hogar.

Solo se necesita un poco de creatividad, curiosidad e ingenio para convertirse en un mejor cocinero, ya que hay miles de recetas en todo el mundo que te harán babear. Me gusta pensar que este libro es el impulso perfecto para que te gusten las comidas caseras y te vuelvas adicto a esa forma de vida.

Si eres un alma impulsada por la comida, disfrutar de una buena comida es uno de los grandes placeres de la vida. Tal recompensa puede ser incluso mejor considerando el trabajo de salir a cenar, hacer una reserva, prepararse y, por supuesto, preparar el pedido. Pero el momento más mágico de todos es cuando llega la comida tan esperada, deslizándose por un comedor abarrotado y lista para ser disfrutada antes de ponerla en la mesa. Incluyendo ensaladas bellamente diseñadas e increíblemente bien crujientes y deliciosos fritos hasta espaguetis sedosos y filetes perfectamente cocinados, la buena comida para los restaurantes siempre parece tener un poco más para que se destaque.

Pasar tiempo con familiares y amigos es importante para el bien de todos. Puedes prevenir la soledad asociada con la depresión, enfermedades cardíacas y enfermedades peligrosas. Con un poco de esfuerzo, cocinar puede ayudarte a ser más social. Haz que tus hijos vayan a la cocina contigo, dales tareas simples cuando sean pequeños o cocina con amigos. Si deseas hacer nuevos amigos, considera la posibilidad de clases de cocina en las que puedas interactuar con tus compañeros de clase a medida que aprendes nuevas habilidades. Y no olvides los beneficios sociales que obtienes cuando tu comida está lista. Muchas mujeres están felices de poder ofrecer comida casera a amigos y familiares en varios eventos. La comida generalmente se recibe con una cara sonriente y el deseo de devolver el favor.

La mayor ventaja de usar imitaciones de recetas de restaurantes es que no solo puedes ahorrar dinero, sino que, si es necesario, puedes personalizar las recetas. Por ejemplo, si deseas reducir la sal o la mantequilla en uno de los platos, puedes hacerlo. Ahora has ahorrado dinero y, al mismo tiempo, has proporcionado una comida nutritiva a tu familia. Tienes poco control sobre los ingredientes de la comida cuando comes fuera. Por supuesto, no puedes ajustar el plato que pides porque las salsas, etc. se preparan con anticipación. En realidad, no es tan difícil aprender a cocinar recetas de restaurantes ultra secretas. Algunos piensan que necesitas un título en artes culinarias o educación en cocina para poder cocinar esas recetas secretas. Cualquiera puede recoger los ingredientes por sí mismo y cocinar una comida elegante que sepa a la auténtica.

Cocinar recetas ultra secretas de restaurantes también hará que tus amigos y familiares se pregunten dónde has aprendido a cocinar tan bien. Imagínate cocinar una comida completa que parece ser la comida para llevar de un restaurante. ¡Apuesto a que algunos amigos tuyos ni siquiera creerán que lo has cocinado tú!